BEI GRIN MACHT SICH IHR WISSEN BEZAHLT

- Wir veröffentlichen Ihre Hausarbeit, Bachelor- und Masterarbeit

- Ihr eigenes eBook und Buch - weltweit in allen wichtigen Shops

- Verdienen Sie an jedem Verkauf

Jetzt bei www.GRIN.com hochladen und kostenlos publizieren

Bibliografische Information der Deutschen Nationalbibliothek:

Die Deutsche Bibliothek verzeichnet diese Publikation in der Deutschen Nationalbibliografie; detaillierte bibliografische Daten sind im Internet über http://dnb.d-nb.de/ abrufbar.

Dieses Werk sowie alle darin enthaltenen einzelnen Beiträge und Abbildungen sind urheberrechtlich geschützt. Jede Verwertung, die nicht ausdrücklich vom Urheberrechtsschutz zugelassen ist, bedarf der vorherigen Zustimmung des Verlages. Das gilt insbesondere für Vervielfältigungen, Bearbeitungen, Übersetzungen, Mikroverfilmungen, Auswertungen durch Datenbanken und für die Einspeicherung und Verarbeitung in elektronische Systeme. Alle Rechte, auch die des auszugsweisen Nachdrucks, der fotomechanischen Wiedergabe (einschließlich Mikrokopie) sowie der Auswertung durch Datenbanken oder ähnliche Einrichtungen, vorbehalten.

Impressum:

Copyright © 2007 GRIN Verlag, Open Publishing GmbH
Druck und Bindung: Books on Demand GmbH, Norderstedt Germany
ISBN: 9783668563988

Dieses Buch bei GRIN:

http://www.grin.com/de/e-book/379433/wortbildungen-im-swahili

Rupert Moser

Wortbildungen im Swahili

GRIN Verlag

GRIN - Your knowledge has value

Der GRIN Verlag publiziert seit 1998 wissenschaftliche Arbeiten von Studenten, Hochschullehrern und anderen Akademikern als eBook und gedrucktes Buch. Die Verlagswebsite www.grin.com ist die ideale Plattform zur Veröffentlichung von Hausarbeiten, Abschlussarbeiten, wissenschaftlichen Aufsätzen, Dissertationen und Fachbüchern.

Besuchen Sie uns im Internet:

http://www.grin.com/

http://www.facebook.com/grincom

http://www.twitter.com/grin_com

WORTBILDUNGEN IM SWAHILI

© PROF. DR. RUPERT MOSER, 2007
Universität Bern
Institut für Sozialanthropologie

Abgeleitete Zeitwörter (Verbalformen)

I. Applikativ:

-ia (nach -a-, -i-, -u-),
-ea (nach -e-, -o-),
-lia bzw. -lea (falls kein Konsonant vor -a-Endung)
{so eine Regel wird "Vokalharmonie" bezeichnet}

-furahi < sich freuen ::: -furahia < sich über etwas freuen
Watu wanafurahi sana. ::: Watu wanafurahia mchezo wa mpira.
(Die Leute freuen sich sehr.) ::: (Die Leute freuen sich über das Fussballspiel.)

-hutubu < Ansprache halten ::: hutubia < vor jemandem eine Rede halten
Rais alihutubu. ::: Rais aliwahutubia wafanyakazi.
(Der Präsident hielt eine Rede.) ::: (Der Präsident hielt eine Rede vor den Arbeitern.)

-rudi < zurückkehren ::: -rudia < wiederholen (zu etwas zurückkehren)
Mwalimu alirudi nyumbani. ::: Mwalimu alirudia maneno wake.
(Der Lehrer kehrte ins Haus zurück.) ::: (Der Lehrer wiederholte seine Worte.)

-tazama < schauen ::: -tazamia < etwas betrachten

-pika < kochen ::: -pikia < für jemanden etwas kochen

-leta < bringen ::: -letea < jemandem etwas bringen

-soma < lesen ::: somea < etwas lesen, studieren

-tenda < tun, handeln ::: -tendea < für jemanden etwas tun
(-tendea vibaya < misshandeln)

-jua < wissen ::: -julia < etwas wissen

-sahau < vergessen ::: -sahaulia < etwas vergessen

-tembea < umhergehen, spazieren ::: -tembelea < jemanden besuchen

-toa < herausgeben ::: -tolea < etwas herausgeben

*-amba ::: -ambia < jemandem etwas sagen

-enda < gehen ::: -endea < zu jemandem gehen

-endelea < voranschreiten, fortsetzen, Fortschritt machen

karibu < komm näher ::: -karibia < sich jem./etw. nähern, nahe sein

II. Kausativ:

-isha (nach -a-, -i-, -u-),
-esha (nach -e-, -o-), -za, -ya

-furahi	sich freuen	-furahisha	jemanden erfreuen
Nimefurahi.		Muziki imefurahisha watu.	
-funda	lernen	-funza	lehren
		-jifunza	lernen (sich lehren)
		-fundisha	jemanden unterrichten
-anza	beginnen	-anzisha	etw. beginnen lassen, etw. gründen
-enda	gehen	-endesha	etw. in Gang setzen, etw. fahren
-safiri	reisen	-safirisha	etwas transportieren
karibu	komm näher	-karibisha	jem. einladen, willkommen heissen
safi	sauber	-safisha	säubern
tayari	fertig	-tayarisha	etwas vorbereiten, zubereiten

III. Rerziprokativ

Endung -ana

-ona < sehen ::: -onana < einander sehen, sich treffen

-penda < lieben ::: -pendana < einander lieben

-saidia < hellfen ::: -saidiana < einander helfen

-piga < schlagen ::: -pigana < einander schlagen, kämpfen

IV. Stativ:

Endung: -ka

-maliza < beenden ::: -malizika < beendet sein, zu Ende sein

-vunja < zerbrechen ::: -vunjika < zerbrochen sein

-haribu < zerstören ::: -haribika < zerstört sein

kamili < völlig ::: -kamilika < vollendet sein

pumzi < Atem ::: pumzika < verschnaufen, sich ausruhen, sich erholen

V. Reversiv (zum Ausdruck des Gegenteils)

-u-

-funga < schliessen ::: fungua < aufschliessen, öffnen

-jenga < bauen ::: -jengua < abbauen, zerstören

vergleiche auch das u- in

siku < Tag (wenn auch heute 24-stündig) ::: usiku < Nacht

Stativ + Reziprokativ:

Endung: -kana

-ona < sehen ::: onekana < sichtbar sein

-jua < wissen, kennen ::: -julikana < bekannt sein

-weza < können ::: -wezekana < möglich sein
inawezekana < es ist möglich
haiwezekani < es ist nicht möglich, es ist unmöglich

VI. Intensiv und Kausativ-Intensiv

Endung –za

-kataa < sich weigern, ablehnen ::: -kataza < verbieten

-elea < klar sein, verständlich sein ::: -eleza < erklären

-potea < verloren sein, verloren gehen ::: -poteza < verlieren

-ungua < brennen, anbrennen ::: -unguza < anbrennen lassen, sich den Mund verbrennen

-tokea < her(vor)kommen, erscheinen ::: -tokeza < hervorbringen, ausstossen

VII. Stativ (Positional)

Endung –ama

-ficha < verbergen ::: -fichama < verborgen sein

-funga < schließen, binden ::: -fungama < verbunden sein

* ::: -simama < stehen bleiben, halten
* ::: -inama < sich bücken

VIII. Repetitiv (Duplikativ):

-kuja < kommen ::: -kujakuja < oft kommen

-tembea < gehen ::: -tembeatembea < laufend gehen, umherziehen, sich herumtreiben

-piga < schlagen ::: -pigapiga < weiter schlagen, klappen, zusammenklappen

Lehnwörter

Kiswahili ist eine sehr vokalreiche Sprache. Die Wörter enden beinahe immer mit Vokalen (Selbstlauten). Besitzt das Fremdwort keine vokalische Endung, wird meistens ein -i angehängt.

(a) Lehnwörter aus dem Englischen:

Endung kommt hinzu:

eropleni < Flugzeug
feki < gefälscht
gari < Auto
hoteli > Hotel, Restaurant
spoki < Radspeiche, Leitersprosse
stesheni < Bahnhof
stuli < hoher Hocker
tochi < Taschenlampe, Fackel

wiki < Woche
warsha < Arbeitstagung, Workshop

Endung bereits vorhanden:

dereva < Chauffeur, Fahrer
lita < Liter
pajama < Schlafanzug, Pyjama
picha < Foto
stima < Dampfer, Dampfschiff
trakta < Traktor

bodi < (1) Karosserie, (2) (Verwaltungs)organ, (Aufsichts)rat
boi (heute nicht mehr zu verwenden) < Kellner, Diener

kilo < Kilogramm

buluu < blau
plau < Pflug
stimu < Dampf, Elektrizität

(b) Lehnwörter aus dem Deutschen

cheti < Zettel, Bescheinigung
wursti < Wurst

hela < Geld (von Heller)
tarumbeta < Trompete

shule < Schule
mashine < Maschine

(c) Lehnwörter aus dem Portugiesischen

karatasi < Papier, Pappe

bomba < Rohr, Wasserleitung
boya < Boye, Grenzmarkierung
buli < Teekessel
gereza < Gefängnis
bendera < Fahne
karata < Spielkarte
meza < Tisch
pera < Guave

kopo < Metallschüssel, Dose
bibo < Kaschuapfel

dadu < Würfel
zambarau < Pflaume (Java-Pflaume, urspr. malaiisch)

(d) Lehnwörter aus dem Französischen

divai < Wein
shumizi < Nachthemd

(e) Lehnwörter aus Indien

achari < Chutney
bangili < Armreif
bepari < Kapitalist (ursprüngl. Kaufmann)
chapati < Fladenbrot
fenesi < Jackfrucht
papai < Papaya (aus S-Am. über das Spanische)
shashi < Gaze, Mull
sineri < Folie, Goldfolie, Silberfolie
stafeli < Anonenfrucht, Flaschenbaumfrucht, Ochsenherzfrucht

bima < Versicherung
shela < Schleier
godoro < Matratze, Polster

kanju < Kaschunuss
ndimu < Limone (urspr. malaiisch)
tambuu < Betel

(f) Lehnwörter aus dem Türkischen

bahasha < Briefumschlag
bimbashi < best. Offiziersrang
tarbushi < Fes

(g) Lehnwörter aus dem Persischen

balungi < Pampelmuse
bibi < Frau, Fräulein, Dame, Grossmutter
gari < Fahrzeug, Karren
gololi < Glaskugel, Murmel, Kugel des Kugellagers
nanasi < Ananas
-shenzi < barbarisch, heidnisch
wari < Längenmass (ca. 2 Ellen)

boma < Festung, Bezirksamt (während dt. Kolonie)

(h) Lehnwörter aus dem Chinesischen

satini < Seidenstoff

chai < Tee

chungwa < Orange
chenza < Mandarine

(i) Lehnwörter aus dem Madegassischen

Marimba < Xylophon
Zeze < afrikan. Gitarre

(j) Lehnwörter aus dem Arabischen
ca. 30% des Wortschatzes, aus verschiedenen Epochen

abiria < Passagier, Fahrgast
baraza < Veranda, Rat(sversammlung)
baruti < Schiesspulver
dini < Religion
-faidi < Gewinn erzielen
ghali < teuer, kostbar
hadhi < Ansehen, Respekt
kanuni < Regel, Vorschrift, Kanon
-lazimu < müssen, verpflichtet sein
mahiri < geschickt, gewandt
nukta < Punkt
orodha < Liste, Katalog
rahisi < billig, leicht, einfach
sabuni < Seife
-tafsiri < übersetzen
-udhi < kränken
wakati < Zeit
yatima < Waise
zarniki < Arsen

(k) Neubildungen (Neologismen)

1. bekanntes Wort mit neuer Bedeutung

kiboko (traditionell) < Nilpferd, Flusspferd, Hippopotamus amphibius
kiboko (neu) < Peitsche [die von den deutschen Kolonialherren (ma/bwana wa kijerumani) eingeführt und vornehmlich aus Nilpferdhaut hergestellt wurde] – diese Terminologie sollte heute nicht mehr verwendet werden

ndege (traditionell) < Vogel
ndege (neu) < Flugzeug

Achtung: ndege (Vogel) wird nach der Lebewesenklasse [Menschenklasse, Klassenpaar 1/2] weiter konstruiert, ndege (Flugzeug) hingegen nach der Fremdwörterklasse [Klassenpaar 9/10]:

ndege anaruka < der Vogel fliegt
ndege inaruka < das Flugzeug fliegt

2. lautmalend

pispisi, pisipisi, pispis < Schraubenzieher [der beim Drehen pis, pis, pis macht]

pangaboi < Ventilator [Machete (panga), die boi, boi, boi macht]

3. aus Abkürzungen entstanden

ukimwi < Aids
aus:
Ukosefu wa Kinga MWIlini < Mangel an Schutz im Körper

runinga < Fernsehen
aus:
runu maninga < Nachrichten über Augen {nach Nabhany}

chajio < Abendessen
aus:
chakula cha jioni < Essen der Abendzeit

Bildung von Hauptwörtern aus Zeitwörtern (deverbale Nomina)

-i – Endung:
-piga (schlagen) <<< mpigaji (Schläger/in)
-pika (kochen) <<< mpishi (Koch, Köchin)
-iba (stehlen) <<< mwizi (Dieb/in)
-lewa (betrunken sein) <<< mlevi (Alkoholiker/in)

-o – Endung:
-isha (beenden) <<< mwisho (Ende)
-cheza (spielen) <<< mchezo (Spiel, Spielzeug)
-ona (sehen) <<<- onyesho (Ausstellung)

Nur mit Vorsilbe der Klasse:
-lima (hacken, pflügen, anbauen) <<< mkulima (Bauer)
-fanya (machen) + kazi (Arbeit) <<< mfanyakazi (Arbeiter)
-shinda (übertreffen) <<< mshinda (Sieger)
-oa (heiraten) <<< ndoa (Heirat, Ehe)

Bildung von Hauptwörtern mit -enye und mwana:

mwana/wana (Kind):

mwanaanga < Astronaut/in (wörtl.: Kind des Himmels)

mwanabima < Versicherte/r (wörtl. Kind der Versicherung)
mwanadamu < Mensch, Menschenkind
mwanagazeti < Journalist/in, Reporter/in
mwanahistoria < Historiker/in
mwanamaji < Matrose
mwanamavi < Scheißfigur (wörtl.: Kind der Exkremente)
mwananchi < Einwohner, Bürger (wörtl.: Kind des Landes)
mwanasayansi < Wissenschaftler/in
mwanataaluma < Wissenschaftler/in

-enye (besitzend), mwenye/wenye (Besitzer/in):

mwenyekiti < Vorsitzende/r, Bürgermeister/in (wörtl.: Besitzer/in des Sitzes/Sessels/Stuhles)
mwenyesimu < Telefonteilnehmer/in, Fernsprechteilnehmer/in (wörtl.: Besitzer des Telefons)
aber:
mwenye deni < Schuldner/in (Schulden Habender)
mwenye nyumba < Hausbesitzer
mwenye uwanja < Gastgeber, der einen bestimmten Platz für Feiern zur Verfügung stellt
mwenye mkia wa mbuzi < Falott, Lump (wörtl.: einen Ziegenschwanz Habender)

Augmentativa, Diminutiva (Vergrößerungen, Verkleinerungen)

mji/miji (Stadt) <<< jiji/majiji (Großstadt) <<< kijiji/vijiji Dorf
nyumba/nyumba (Haus) <<< jumba/majumba (Gebäude) <<< chumba/vyumba (Zimmer)
mtu/watu (Mensch) <<< jitu/majitu (Riese, Riesin) <<< kijitu/vijitu (Zwerg, Zwergin)

kinywa/vinywa (Mund) <<< jinywa/majinywa (Maul)
nyoka/nyoka (Schlange) <<< joka/majoka (Riesenschlange)
ngoma/ngoma (Trommel) <<< goma/magoma (große Trommel)

mtoto/watoto (Kind) <<< kitoto/vitoto (Baby)
mlima/milima (Berg) <<< kilima/vilima (Hügel)
ndege/ndege (Vogel) <<< kidege/videge (Vöglein)

Abstrakta

bwana/mabwana (Herr) <<< ubwana (Herrentum, Hochmütigkeit)
bwana/mabwana (Herr) <<< ubwanyenye (Feudalismus, Bourgeoisie)
mgonjwa/wagonjwa (Kranke, Kranker) <<< ugonjwa/magonjwa (Krankheit)
mjinga/wajinga (Trottel, Narr) <<< ujinga (Trottelei, Narretei)
mpumbavu/wapumbavu (Dummkopf) <<< upumbavu (Dummheit)
mtoto/watoto (Kind) <<< utoto (Kindheit)
mtu/watu (Mensch) <<< utu (Menschheit, Menschlichkeit)
mwizi/wezi (Dieb, Diebin) <<< wizi [aus: u-izi] (Diebstahl)
mzee/wazee (alte, weise Person) <<< uzze (das Alter)
kijana/vijana (Jugendlicher, Jugendliche) <<< ujana (Jugend)
fundi/mafundi (Handwerker, Spezialist, Meister) <<< ufundi (Meisterschaft)
jambazi/majambazi (Straßenräuber, Bandit, Betrüger) <<< ujambazi (Überfall, Betrug)
tapeli/matapeli (Betrüger, Gauner) <<< utapeli (Betrug, Schwindel)

P.S.: „Tapeli, matapeli, utapeli" kommt von französisch „tapeur" (Pumpgenie, Schnorrer) und gelangte aus dem Kongo nach Ostafrika, wo die Ausdrücke bereits als Wörter aus dem Lingala gehalten und daher wie Bantu-Wörter behandelt wurden.

-baya (schlecht) <<< ubaya/mabaya (Schlechtigkeit)
-bovu (kaputt, verdorben) <<< ubovu (Fäulnis, Verwesung, schlechterZustand)
-moja (eins) <<< umoja (Einheit)
-zuri (schgön) <<< uzuri (Schönheit)
huru (frei, befreit) <<< uhuru (Freiheit, Unabhängigkeit)

-kaa (wohnen) <<< ukao/makao (Wohnort)
-penya (vordringen, begierig sein) <<< upenyaji (Geheimnis, Bestechung, Bestechlichkeit)
-pora (schnappen, entreissen, plündern) <<< uporaji (Ausplünderung, Raub)
-pinda (drehen, sich winden) <<< upinduzi (Umsturz, Revolution)
-zandiki (heucheln) <<< uzandiki (Heuchelei, Tücke)

Länder – Völker – Sprachen

Ujerumani (Deutschland) < Mjerumani/Wajerumani (Deutsche/r) < Kijerumani (deutsche Sprache, Sitte)
Uingereza (England) < Mwingereza/Waingereza (Engländer/in) < Kiingereza (englische Sprache, Sitte)
Ureno (Portugal) < Mreno/Wareno (Portugiese/in) < Kireno (portugiesische Sprache, Sitte)
Italia (Italien) < Mwitaliano/Waitaliano (Italiener/in) < Kiitaliano (italienische Sprache, Sitte)
Uarabuni (Arabien) < Mwarabu/Waarabu (Araber/in) < Kiarabu (arabische Sprache, Sitte)
Uturuki (Türkei) < Mturuki/Waturuki (Türke/in) < Kituruki (türkische Sprache, Sitte)
Urusi (Russland) < Mrusi/warusi (Russe/in) < Kirusi (russische Sprache, Sitte)
Bukini (Madagaskar) < Mbukini/Wabukini (Madagasse/in) < Kibukini (madagassische Sprache, Sitte)
Misri (Ägypten) < Mmisri/Wamisri (Ägypter/in) < Kimisri (ägyptische Art, Sitte)
Msumbiji (Moçambique) < Mmsumbiji/Wamsumbiji (Moçambiquaner/in)
India, Bara (la) Hindi (Indien) < Mhindi/Wahindi (Inder/in) < Kihindi (indische Sprache, Sitte)

Bildung von Adverbien

Ableitung von einem Adjektiv:

-dogo (klein) < kidogo (ein wenig)
Nina(i)penda kidogo nyumba ndogo. < Das kleine Haus mag ich (ein) wenig.

-zuri (schön, gut) < vizuri (schön, wunderbar)
Mpishi ame(ki)pika vizuri chakula kizuri. > Das gute Essen hat der Koch wunderbar gekocht.

-baya (schlecht) < vibaya (schlecht)
-ema (gut) < vyema (gut)

Ableitung von einem Hauptwort:

mgeni/wageni (fremder) < kigeni (fremdartig)
mtoto/watoto (Kind) < kitoto (kindlich)

haraka/haraka (Eile) < haraka, kwa haraka (eilig)
kweli/kweli (Wahrhaftigkeit, Aufrichtigkeit) < kweli, kwa kweli (aufrichtig, wahrhaftig)

hasira/hasira (Zorn) < kwa hasira (zurnig)
nguvu (Kraft, Stärke) < kwa nguvu (kräftig, stark)

upole (Freundlichkeit) < upole (freundlich)
upesi (Schnelligkeit, Eile) < upesi (schnell, eilig)

Schmuck < vipambo

Gold < dhahabu
Silber < fedha
Platin < pletinamu

Elfenbein < pembe, pembe ya ndovu, pembe ya tembo

Koralle (rot) < marijani, fedhaluka, marijani ya fedhaluka
Koralle (weiss) < tumbawe, matumbawe

Diamant, Brillant < almasi

Perle, Perlenkette< ushanga

Armband (ziseliert) < bangili/bangili
Armband (aus Eisendraht) < uzinge/zinge
Armbanduhr < saa ya mkono / saa za mkono
Gürtel < mkanda/mikanda
Lendengurt für Kinder < shegele/shegele
Halskette (aus Metall) < mkufu/mikufu, mkufu wa shingo / mikufu ya shingu
Perlenkette < shazi ya lulu
Ring, Reifen < pete/pete
Ehering < pete ya arusi
Ohrring < pete ya sikio
Ohrring < bali/bali
Ohrring, Ohrschmuck < kipuli/vipuli

Portemonnaie, Brieftasche < pochi/mapochi

Briefe schreiben – in Briefen verwendete Formeln

Zuerst steht die eigene Anschrift
anwani <<< Anschrift

Dann steht das Datum
tarehe <<< Datum
z.B.:
Mei 2, 2007 <<< 2. Mai 2007 --- oder
2 Mei 2007 <<< 2. Mai 2007

Dann steht die Anschrift des/der Empfängers/Empfängerin
z.B.:
Kwa meneja <<< An den/die Manager/in --- oder
Kwa Daktari Muller <<< an Dr. Müller --- oder
Kwa Bibi Rosa Makwinya <<< An Frau Rosa Makwinya
Hospitali ya wakoma <<< Leprosorium
S.L.P. 60 <<< = Sanduku La Posta = P.O.B. = Post Office Box = Postfach
Machakos (Eastern Province)
Kenya

Dann folgt die Anrede
z.B.:
Rafiki mpendwa <<< Liebe/r Freund/in --- oder
Rashidi mpendwa <<< Lieber Rashid --- oder
Mpendwa Rashidi <<< Lieber rashid --- oder
Mpendwa Bwana Ramadhani <<< Lieber Herr Ramadhan --- oder
Mpendwa Binti Mwajuma <<< Liebes Fräulein Mwajuma --- oder
Mpenzi <<< Geliebte/r --- oder
Mpenzi wangu <<< Mein/e Geliebte/r --- oder
Ndugu <<< Kollege (wörtl.: Verwandter) --- oder
Ndugu wapendwa <<< Liebe Kolleginnen und Kollegen --- oder
Kwa Bwana Kihuru <<< Herrn Kihuru (förmlich) --- oder
Mheshimiwa Bwana balozi <<< Verehrter Herr Botschafter --- oder
Mheshimiwa professa <<< Sehr geehrter Herr Professor ---
Mheshimiwa! <<< Exzellenz!

Dann bestätigt man ev. den Erhalt eines Schreibens
z.B.:
Asante sana kwa barua yako ya tarehe 1 Aprili <<< Vielen Dank für Deinen/Ihren Brief vom 1. April.
Nilifurahi sana kupata barua ako ya tarehe 2 Mei <<< Ich freute mich sehr, Deinen/Ihren Brief vom 2. Mai zu erhalten.

Bevor man zur Sache kommt, erkundigt man sich über das Befinden des/der anderen und berichtet über das eigene
z.B.:
Nilifurahi sana kujua kwamba hali yako ni nzuri na watoto wako wanaendelea vizuri pia <<< Ich freute mich sehr zu erfahren, dass es Dir/Ihnen gut geht und sich Deine/Ihre Kinder auch gut entwickeln.

Ninatumaini hujambo <<< Ich hoffe, es geht Dir/Ihnen gut (wörtl. Du/Sie hast/haben keine Probleme)
Mimi ni mzima pia <<<Mir geht es auch gut (wörtl. Ich bin heil {ganz} auch)
Nimekuwa na homa lakini sasa ninaendelea vizuri <<< Ich hatte Fieber, aber jetzt geht es mit mir vorwärts.

Am Schluss wünscht man alles Gute
z.B.:
Ninakutakia afya na heri <<< Ich wünsche Dir/Ihnen Gesundheit und Glück
Ninawatakia kila la heri na maisha mema <<< Ich wünsche Euch alles Gute und ein schönes Leben.
Uwasalimie watoto wote <<< Grüssen Sie / grüsse alle Kinder
Umsalimie mkeo (mumeo) <<< Grüssen Sie / grüsse Ihren/Deinen Mann (Ihre/Deine Frau)

Briefschluss
z.B.:
Wasalaam <<< mit Grüssen (wörtl. mit Frieden)
Ni mimi <<< ich bin es
Rafiki yako <<< Dein/e / ihr/e Freund/in
Mwenzako <<< Dein/e / Ihre/e Kollege/in
Mimi baba wako <<< Ich, dein Vater
Mimi akukumbukaye <<< Ich, der an dich denkt
Wako mwaminifu <<< Ihr/e ergebene/r
Wako wa moyoni <<< Deine/r von Herzen

Glückwünsche:

Ich wünsche Dir/Ihnen... <<< Nakutakia... oder Ninakutakia...
Ich wünsche Euch... <<< Nawatakia... oder Ninawatakia...
Ich wünsche Dir/Ihnen... <<< Nakuombea... oder Ninakuombea...
Ich wünsche Euch... <<< Nawaombea... oder Ninawaombea...

... alles Gute... <<< ... kila la heri...
... Gesundheit... <<< ... afya...
... Glück und Gedeihen... <<< ... heri na fanaka...
... Erfolg... <<< ... mafanikio...

... in Deinem/Ihrem Beruf <<< ... katika shughuli yako
... in Deinem/Ihrem persönlichen Leben <<< katika maisha yako binafsi
... zum Geburtstag <<< ... kwa sikukuu yako ya kuzaliwa
... zu Weihnachten <<< ... kwa sikukuu ya Krismasi
... zu Neujahr <<< ... kwa mwaka mpya

Ich beglückwünsche Dich/Sie... <<< Natoa (Ninatoa) hongera kwako...
Ich beglückwünsche Euch... <<< Natoa (Ninatoa) hongera kwenu...
Ich gratuliere Dir/Ihnen aus ganzem Herzen... <<< Nakupongeza (Ninakupongeza) kwa moyo wote...

... zur Geburt Deines/Ihres Kindes <<< kwa uzazi wa mwanako
... zur Geburt Eures Kindes <<< ... kwa uzazi wa mwanenu
... zur Heirat (Hochzeit) <<< ... kwa arusi oder kwa harusi
... zur bestandenen Prüfung <<< ... kwa mtihani ulioupita

BEI GRIN MACHT SICH IHR WISSEN BEZAHLT

- Wir veröffentlichen Ihre Hausarbeit, Bachelor- und Masterarbeit

- Ihr eigenes eBook und Buch - weltweit in allen wichtigen Shops

- Verdienen Sie an jedem Verkauf

Jetzt bei www.GRIN.com hochladen und kostenlos publizieren